JN438301

# 사막의 불개미

a Red ant on Desert

_______________ 님께 드립니다.

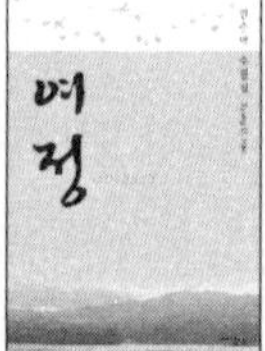

## 한 승 덕 Syung D. Han/Ph.D Profile

**詩人 / 수필가 / 소설가 / 평론가**

제5회 세계문학상 대상, 제6회 문학세계문학상 본상, 종합예술대회 예총회장상, 서울시 의장상, 청소년지도자 문학대상, 성동일보 인물대상 문학대상, 제2회 세계 한류대상(문학 부문), Presi dential Who' s Who Among Business and Professional Achievers FOR IMMEDIATE RELEASE, 구 소련 평화재단 자유메달 외 다수 수상.

(사)세계문인협회 미주지역 버지니아주 지부장. 2008, 2009, 2010, 2011 『한국을 빛낸 문인들』 선정 작가.

저서 『이삭 The Waste of Sole』 『조약돌』 『검은 별』 『흑해』 『묵화』 『세계 문화 교류의 이해와 비전』 『나그네』 『여정』 『Pebbles』 『길』 『사막의 불개미』 『잃어버린 바다』 『아마존 강』

한 승 덕 8시집 Syung D. Han

도서출판 천우

■ 작가의 말

# 우주의 영적 메시지를 지상의 언어로 빚어내고 싶다

초록빛 세상이 열리는 신록이 푸르른 계절을 맞이하며 글샘을 퍼올려 봅니다. 산첩첩 물겹겹, 시절 좋은 때, 여덟 번째 시집을 발간하니 감회가 다시 새롭게 물안개처럼 피어오릅니다. 한세상 살아가는 동안, 가장 행복하였던 순간들이 글을 쓰고 새순처럼 파릇파릇 돋아나는 언어의 씨앗들에게 새 생명을 부여하는 일이었습니다. 어느 한순간엔들 기쁘지 아니했을까요. 그러한 삶에 대한 열정과 꿈과 이상과 사무친 정한의 그리움을 가슴속 깊이 되새기면서 가슴 설레는 보랏빛 심상으로 여덟 번째 시집 『사막의 불개미』를 펴냅니다. 살며, 사랑하면서 고독한 시혼을 불태우며 지냈던 시간들이 파노라마처럼 스치고 지나갑니다.

저는 이번 시집을 통해 우주의 근원과 생명의 기원에까지 고찰의 심지에 불씨를 당기고자 합니다. 붉고 하얗게 태웠던 삶의 편린들을 조각하면서 담담하게 수채화처럼 그려낸 작품집이기에 더더욱 소중하고 진귀한 생명체라 하겠습니다. 삶의 모든 초초초들이 위대하다는 진리를 한시도 잊은 적 없기에 가능한 일이었습니다.

폭풍 같은 파도를 헤치고 지평선 너머 잔잔한 여정의 울림을, 시적 영혼의 연금술로 빚어내는 일 또한 고해의 바다였습니다. 첫 마음을 들켜버린 순정처럼, 서정이 묻어나는 낭만시를 쓰고 에스프리 같은 수필 세계와 한 편의 대서사시 같은 글들을 한여름 밤에 쏟아지는 빗줄기처럼 열정을 퍼부었던 격동의 순간들이 풍경처럼 다가옵니다. 고독하고 광활한 작가의 삶을 살면서부터 저는 늘 제 마음속 깊은 곳에서 꿈틀거리며 분출되는 마그마 같은 뜨거운 시의 속살을 늘, 애모하고 살아갈 것입니다. 이제 여생을 지상 최대의 빛나는 작품세계를 구축하면서 명작품을 탄생시키고 싶습니다. 『사막의 불개미』는 불사조의 영적 혼령이 함께한 작품이라 해도 과언이 아닙니다.

언제인가는 어머니 버선코 같은 조국 강산으로 회귀할 것입니다. 늘 뼈마디가 시리도록 하늘 내음 가득한 고향의 저녁연기를 그리워합니다. 그러한 노을빛 향수가 저의 문학에 단단한 버팀목이 되어 주었으며 완연한 사랑의 뿌리가 되어 주었음을 다시금 고백하고 싶습니다. 그러한 애틋한 그리움이 없었더라면 저는 이 성대한 우주의 '승덕문학'이라는 큰 뜻을 펼치지 못했을 겁니다. 멀고도 먼 타국에서, 쓸쓸하고 허허로운 외로움과 사투를 벌이는 분들에게 이번 시집이 따스한 봄날처럼 향기로운 자양분이 되고 촛불 같은 위로가 되었으면 합니다. 모든 이들의 삶이 늘 예술의 극치인 시혼을 불사르는 위대한 흔적들이 되기를 두 손 모아 기원하고 싶습니다. 저 역시 고독의 갈망의 눅눅한 굴레를 벗어던지고 위대한 시인정신과 장인의 기상을 높이 새기며 찬란한 문학의 아름다운 글꽃을 피우겠습니다.

도서출판 천우 편집부와 金天雨 이사장님에게도 진심을 다해 감사하다는 말씀드립니다. 쉬지 않고 달려가는 천리마처럼 살아 있는 동안의 맥을 연결하는 시 작업을 위하여 심혼을 기울여 우주의 대서사시를 전하는 매개자가 되어 심오하고 위대한 문학의 경전을 탄생시키는 데에 최선의 노력을 다할 것입니다.

버지니아의 글동산에서

2012년 푸른시인

한 승 덕

1부

# 사막의 밤

2부

# 바람과 구름

3부

# 산토도밍고 성당

4부

# 태양신전

제1부

# 사막의 밤

# 산비둘기

봄의 길목에
산비둘기가 찾아왔다.
보금자리를 만들어
새끼를 기른다.

봄이면 찾아와
슬라이딩 창문으로
집 안을 주시한다.

갈색의 수수한 모습이
집비둘기와 차이가 난다.
소박하게 보여 좋다.

여러 마리가
슬라이딩 창문을
부리로 노크하고 간다.

산비둘기가 찾아오면
봄이 오고 있는 것을….
"Spring has come around corner…."

펠콘(Falcon)*이 찾아오면
재빨리
솔숲으로 숨는다.

부엉이도 찾아오지만
산비둘기는
거들떠 보지도 않는다.

칙밍코(Chipmunk)가
"비둘기는 놔두고
자기만 쫓느냐"고 한다.

사슴이 지나가다
"집 주위를 파니까 쫓겨난다."고 하자

까마귀가 나무 위에서
까악까악
"화단의 꽃과
뿌리까지 먹어치우고
아무 곳에나 배설을 한다"며 사라진다.

라쿤(Raccoon)이
까마귀를 못마땅해하며
입맛을 다신다.

라벤더가
남쪽에서 올라와
잔디밭에서
지렁이의 움직임을 쫓고 있다.

라벤더도
해마다 오는 철새다.

라벤더가
딱따구리에
신경이 쓰이는 모양이다.

손가락 크기의
허밍버드(Hunningbird)가
날개를 윙윙거리며
좋아하는 꽃을 찾자

참새가
잠자리인 줄 알고 쫓아간다.

고즈넉한 봄볕에
시간이 지나고 있다.

자연은 순수하다.

* Falcon : Any species of raptor in the genus Falco. The genus contains 37 species, widely distributed throughout Europe, Asia, and North America.

# 4월의 벚꽃

보석처럼 반짝이는 새벽별처럼
벚꽃 망울들이
창문의 커튼을 올리라고
창문에 출렁인다.

심술꾸러기 봄은
찬비를 흩뿌리며
벚꽃 나뭇가지를 흔들고 간다.

벚꽃은
수줍게 꽃망울을 활짝 열고
봄의 향기를
주위에 흩뿌리고 있다.

4월은 아픈 것을

다람쥐가
가지에서 가지로 움직이자
벚꽃 잎이
꽃보라를 일으키며 흩어진다.

벚꽃은
영원 속의 순간을 노래하며

새벽이 스러지기 전
후회 없이 활짝 휘날리고 있다.

눈부신 햇살이 퍼지기 전
새들이 모여들어
봄을 노래하고 있다.

벚꽃이
깃털처럼 가볍게
꽃보라를 일으키며
꿈을 찾아 떠나고 있는
이른 아침이다.

# 바다

바닷속에는
갑각류와
물고기가 넘쳐나고
넘실대기 시작

갑각류는
섬으로
육지로 올라와

정글 속으로 독을 뿌리며
지구를 어지럽히고

대지는 사막으로
황무지로
불모지가 나오기 시작한다.

날고, 뛰고,
걷고, 기고,
추한 것이 넘치기 시작
퍼지기 시작한다.

출렁출렁
밀려왔다
밀려갔다

영원한 미래인 바다는
오면 받고
가면 보내고

추한 것이거나
아름다운 것이거나
좋은 것이나
나쁜 것이나

색깔의 기준도 없고
냄새의 기준도 없고
독성의 유무도 없고
자연이 있을 뿐이지요.

파도는
차별이 없으니
선악(善惡)이 있을 수 없지요.

어머니의 품 속에
공생할 수 있다.

출렁출렁
파도는 춤을 추고 있다.

보든 말든
오든 가든
영원한 미래 속에
파도는 춤을 추고 있다.

# 칭기즈칸(Чингис Хаан)

만년설을
머리에 이고
내려놓을 줄을 모른다.

출렁거리는 이지클 호수는
구름에 쌓여 있는
설산을 비추이고….

테무진은
유년기를
이곳에서 보냈고 성장하였다.

칭기즈의 의미를 아시나요.
칭기즈(Чингис)는
용맹(勇猛)을
칸(Хаан)은
지도자인 왕(王)을 의미하지요.

테무진이 자라서
칭기즈(Чингис)로
칭기즈에서 칸(Хаан)으로
흩어진 부족(部族)을 연합하여
망갈을 만들었다지요.

망갈의 의미를 아세요

망은 강함을
사막의 늑대와 같은
강인함과 부족(部族)의 연합을

망갈은 강인한 손을 가진
강한 부족(部族)의 연합으로
12세기(A.D.) 경에
망갈을 만들었다지요.

망갈은
언제부터인가
몽골(Mongolia)로 불렸지요.

언어와
발음을 이해하면
쉽게 이해할 수 있지요.

뽀얀 먼지를 일으키며
지평선으로 사라지는 게
칭기즈칸은
아닌지 모르겠다.

# 바트켄(Batken)을 지나면서

키르키즈(The Republic of Kyrgyz)
남서쪽 바트켄(Batken)*은
타지키스칸(Tajikistan)으로 이어지고
서쪽으로는
우즈베키스탄(Uzbekistan)으로

천산산맥이 사방으로 둘러 있다.

만년설이 높아
쏫강을 이루고

강둑 양안
좁은 산자락에
대(代)를 이어 살고 있는
원주민들은

고지대의 강한 자외선에
빨갛게 그을린 뺨(The cheek)으로
웃고 있다.

외지의 단절 속에
평화스럽게

만년설과 이웃하여
어제와 내일을 살고 있다.

샹그리아를 이웃하여
푸르른 하늘이
한 뼘으로 열려 있고
협곡 속에 시간은 정지되어 있다.

고대 실크로드의
통과 지역 중 한 곳,

중국대륙을 지나
사막을 지나
험준한 천산산맥을 넘어
실크로드는 이어지고

험준한 산맥을 넘어
사막을 통과
중동과 지중해를 거쳐
로마제국에 닿기까지

많은 낙타와
많은 당나귀와
많은 말과 함께
얼마나 많은
문물과 문명이 오고 갔을까요.

생(生)과 사(死)를 넘어
사랑이 꽃피고
꿈을 좇아

제국의 꿈이 유혹했겠지요.
수많은 기병(騎兵)들이
수많은 보병(步兵)들이
영웅(英雄)들이
왕국(王國)이 번창하고
왕국(王國)이 사라지고

대상(隊商)들이
정치인들이
종교인들이
사상가들이
오고 갔던 길을 찾아
가고 있습니다.

적막함과 변함없는
만년설을 바라보며
두 주먹을 꼭 쥐고
식은땀을 흘리며
신기루를 찾아가고 있습니다.

까마득한 산 위로
쓰러져가는

성벽과 망루가 보인다.
낙타의 수를 세던 병사들은
성주(城主)인 임금님은
어디에 있을까요.

타지키스탄으로
티켓과 네팔로,
인도로, 아프카니스탄,
카스피 해로,
중동의 사막을 거쳐 지중해로

한가로이
황금독수리가 원을 그리며
머리 위로 날고 있는
실크로드를 지나고 있습니다.

정지된 시간 속에
잊혀진 발자국을 좇아….

* Batken : Province of the Republic Kyrgyz.

# 바트켄(Batken)에서 하루

실크로드의 통과(通過)길.

바트켄(Batken)을 지나야
선택이 주어진다.
로마로 가는 길이…

적토마를 타고
한곳을 응시하고 있는
만나쓰의 동상은
한무제의 대군을 쫓고 있는지
흩어진 부족들을
찾고 있는지 모르겠다.

뿌리만 남은 초지에서
방목된 소들이
양들이
말들이
사막화를 재촉하고 있다.

목동들의 시선은
태양의 움직임을
응시하고 있다.

선조들은
적토마를 타고
고산준령(高山峻嶺)을 넘어
중국의 중원을
시베리아의 평야를
중동의 사막을 누볐던
선조들을 찾고 있다.

오늘이 가고 있을 뿐이다.

적막함 속에
태양만이 움직이고 있다.

태곳적 침묵 속에
그림자도 방향을 잊은 것 같다.

흐르던 흰 구름이
설산에 막혀
운무로 피어오르며
석양의 자외선을 반사하고 있다.

산(山) 그림자가 길어지며
흔적 없이
하루가 지나가고 있다.

휘영차게 떠오르는 달빛에
굶주린
늑대의 울음소리가 좁혀온다.

쏟아질듯 반짝이는
보석 같은 별들이 손짓하는
실크로드에서의 밤은
과거로
과거로 흘러가고 있다.

# 봄의 길목에서

기나긴 겨울이
암울한
터널을 빠져나오고 있다.

영혼의 방황만이 펼쳐진
침묵 속의 겨울 하늘 아래

지진으로 대지를 흔들고
지상의 건축물들을
부수어놓고

솟구쳐 오르는
땅속의 매연과
시뻘건 용암으로 대지를 덮고 있다.

슬픔과
괴로움을 모르는
맑은 눈동자를 깜박거리며
3월이 찾아왔다.

단단한 껍질 속의
새순이 터지기 시작한다.
푸르름이 환호하며
살랑살랑 봄비가 내리고 있다.

봄은 가까이 오고 있다.

# 광산(鑛山)을 바라보며

지그재그의
외줄기 자갈길을 오르고 있다.

심연의 우주와 마주한
만년설은 잡힐 듯하다가
멀리멀리 달아난다.

정상에 접근하기에는
신선(新鮮)하고
정결(精潔)한 공기가 짓누른다.

설산(雪山)의 정상에는
누가 살기에
저렇게 정결한지 모르겠다.

정결(精潔)한 공기가
춤을 추고 있다.

침묵 속에
어디에선가 보고 있을
산의 정령이 노하기 전

광산개발에 따른
자연의 훼손을
자연의 아픔에
고개를 숙이며
하산을 재촉한다.

# 엘도라도(황금)를 찾아서

찬란한 황금에 이끌리어
엘도라도를 찾아
아마존의 밀림 속을 헤맸다.

지구행성의 구석구석으로
엘도라도를 찾는
발걸음은 바빠지기 시작했다.

아프리카의 대지도
파헤쳐지기 시작했고
엘퀸키스트의 발걸음은
엘도라도에 이끌리어
안데스 산맥을 넘어

아마존 정글 속을 헤매고
찬란한 잉카문명은
역사의 뒤안길로 사라졌다.

엘도라도의 유혹은
유라시아로 이어졌고
설산의
자외선에 그을린 피부의 얼굴이
근심스러이 쳐다본다.

대지의 피부를 훼손하면
원상의 회복이 불가능하고
재앙으로 나타난다.

마을의 원로들이 모였다.
주름진 얼굴 하나하나에서
심각한 빛이 감돈다.

수억만 년 전
먼지구름의 성운계를 빠져나온
이후로
억만 년을 손대지 않은
지하의 순수한 황금에 손대지 말란다.
재앙을 부르지 말란다.

# 보르네오의 밤

보르네오의 정글에
어둠이 깔리기 시작한다.

두런
두런
정글의 어둠이 깊어지기 시작한다.

공포의 울부짖음이
정글의 밤을 열어가고 있다.

정글 주인들은
먹이를 찾아
정글을 헤매기 시작한다.

공포의 밤은
태고의 신비를 간직하고
정글 주인들의 포효(Scream) 속에
모기도 극성스럽게 움직인다.

적도의 밤은
빠르게 다가오고 있다.

정글 속 식구들의
눈빛이 이글거리기 시작하면서
보르네오의 정글 속은
활기를 띠기 시작한다.

종일 먹이를 찾던
집닭들도 집으로 모여들고
후덥지근한 정글의 밤은
두려움과
공포 속에 점점 깊어가고 있다.

미몽(迷夢)의
짙은 안개가 걷히기까지….

# 앵무새(Parrot)

아마존 밀림 속을 흐르는
강물에 오가는 통발배*에
밀렵으로 잡힌 원숭이와
이름모를 동물에
앵무새도 끼어 있다.

동물들은
체념한 상태지만
앵무새는 눈을 반짝이며
포획자의 손놀림을 눈여겨본다.

긴 부리로
통발 사이 문빗장 문고리를 돌려
문을 열고
흐르륵 밀림으로 날아간다.

앵무새의 기민함에
아마존의 동물들은
넋을 잃고 쳐다보는 중에도
강물에 떠가는 통발배는
쉬임 없이 흘러가고 있다.

밀림은 살아 움직이고
강물은 흐르고
앵무새는
아마존의 자연을 노래하고

자유는 소중한 것이지만
노력하는 자만이
향유(享有)할 수 있다며
밀림 속으로 빨려 들어간다.

* 통발배 : 가는 댓조각을 엮어서 통 같이 만든 고기잡이 제구의 하나.

# 사막의 불개미

사막의 불개미는
미로를 벗어나려고

동쪽으로도 가보고
서쪽으로도 가보고
남쪽으로도 가보고
북쪽으로도 가보고
황량한 사막을 헤매고 있다.

흩어지는 모래로
정성을 들여 성을 쌓고
어디에선가 불어오는 바람에
흔적 없이 모래성은 흩어진다.

눈을 부라리며 달려드는
사막의 지네와
사막의 뱀과의
피나는 사투(死鬪)가 시작되곤 한다.

황량한 사막에는
불개미의 천적(天敵)이 많다.
하늘에도

사막의 모래 속에도
눈을 번쩍이고 있다.

모래 속을 파고들어
동굴 집을 마련하였다.
더는 바람이 없다.

사막에는 예고(豫告) 없이
찾아오는 비바람에
물바다로 변하면서
모래 속의 안식처는 간 곳이 없다.

허허벌판 모래사막에서
쏟아지는 햇빛 속에
견고한 모래성을
흩어지는 모래 속에
사막의 불개미는 쌓고 있다.

# 밀림(Jungle)의 밤

지친 오후가
지루하게 지나가고 있다.
푸르름은 끝이 안 보이고
과거와 현재를 합쳐
미래가 이어지고 있다.

두꺼운 먹구름 사이로
태양의 한끝이 숨으면서
어두움이 퍼지기 시작한다.

밀림의 어두움을 밝히려고
수정 같은 싸늘한 빛을 띠우고
별들은 반짝이고
하얀 빛 속에
둥그런 달이 떠오른다.

밀림의 열정을 식혀 주고 있지만
식을 줄 모르는 것 같다.

텅 빈 하늘로부터
천둥 번개가 번쩍이며
불꽃놀이를 시작하면

장대 같은 비가
밀림 위로 퍼붓고 있다.

공포를 불러오던
알 수 없는 어두운 밀림의 소리도
빗소리에 묻혀
고립 속에 흘러가고 있다.

안개가 피어오르고
사방이 연못으로
강줄기로 바뀌고 있다.

가늘어지는 빗물에 땀을 식히며
수런수런
밀림이 춤을 춘다.

밀림이 깨어나기 시작한다.

# 5월의 캠브리지(Cambridge)

초여름의 신선함이
강변을 따라
눈의 피로를 풀어주는
풍요로운 초록색이 생기롭다.

교정을 오가는
발걸음들이 가벼워 보인다.

겨우내 쌓여 있던
불안을 털어버리고
깊게 심호흡을 하란다.

초록색 공기를
폐 속 깊이 들이마시자.
신선한 공기를 놓치지 말자.

자연을 사랑하고
자연을 관찰한
찰스 다윈(Charles Robert Darwin)*도
자연의 초록을 사랑했기에
캠브리지 캠퍼스에서
종의 기원의 꿈을 키웠고
5월의 초록은 순결한 것을

가슴을 펴고
폐 속 깊이 심호흡을 하여 보자.

이른 새벽의 공기를 가르며
힘차게
카누로 강물을 가릅니다.

젊음이 출렁거리는
5월의 이른 아침을
보스턴(Boston in USA)의 찰스 강가에서
6월의
캠브리지(in England)를 떠올립니다.

* 찰스 다윈(Charles Robert Darwin) : 영국의 생물학자, 철학자.

# 사막의 밤

자연의 신비를 즐기시려면
사막의 밤으로 초대합니다
사막은 움직이고
사막은 살아 있는 것

한낮의 태양열에
숨을 죽이고
사막은
밤을 기다리고 있지요.

이글거리는 태양이
황금빛 저녁노을 속에
자취를 떨어뜨리면

사막은 부스스 깨어나
우주로부터 쏟아지는
신선한 공기와 함께
사각
사각
새로운 밤의 세계를 열지요.

모래폭풍과
장대 같은 빗줄기의 급류에도

휩쓸리지 않고
사막의 모래는 제자리를 지키지요.

우주로부터 연주되는
리듬에 맞추어
우아한 모양으로
모래언덕을 옮기며
화려한 무도회를 준비하지요.

어둠이 깃든 사막에서
반짝이는 별들과 함께
둥그런 달과 함께
무도회를 열고
밤이 새도록 춤을 추지요.

저 멀리 모래언덕 위에
검은 그림자를 드리우며
울부짖는 늑대는
잊지 않고 찾아오는 불청객

무도회에
채택될 것으로 믿으며
울부짖고 있지요.

신비한 사랑으로 가득 찬
사막의 밤을 찾고 싶으시면
사막의 밤으로 오세요

반짝이는
별들을 머리에 이고
신선한 공기에 쌓여
텅 빈 사막의 밤을 걸어보세요.

하늘로부터 쏟아지는
교향곡에 맞추어 춤을 추러
연인과 함께
사막의 밤으로 초대합니다.

제2부

# 바람과 구름

# 파도(波濤)

석양의 파도는
누가 연출하는 것일까요.

어느 화가가
풍경화를
화폭에 담아낼 수 있을까요

오렌지색에
황금색을
흰 포말에 섞어
해변가 산들과 어울려
한 폭의 거대한
수채화를 그려놓고 있지요.

배경음악으로
갈매기 소리
파도 소리
바람 소리 섞어

어느 작곡가가
웅장하고 감미로운 음악을
작곡할까요.

두 번 다시 감상할 수 없는
석양의 풍경화를
자연의 환상곡을

검푸른 파도의 진한색에
보석처럼 빛나는 별들이 나타나
파도의 연주에 맞추어
파도와 함께 춤을 추지요.

파도는 바쁘지요.

이른 아침
파도는 출렁이며 연출을 위해
수평선 너머로
쉬지 않고 달려가지요.

솟아오르는
일출의 장관을
연출하기 위해서지요.

해변에 부딪치며 일어나는
흰 포말은 아파서일까요.

대양의 중압으로부터의
해방에서 오는 환희(歡喜)일까요.

파도는
해와의 퍼포먼스를 좋아할까요.
달과의 퍼포먼스를 좋아할까요.

파도는
고기들과 놀기를 좋아할까요
여름에 찾아오는
피서객들과 놀기를 좋아할까요.

파도는 알고 있을까요.
지구행성이
어디로 가고 있는 줄을….

# 미공군 모뉴멘트(USAF Monument)

미국 워싱턴 D.C에는
기념 조형물들이
방문객의 걸음을 멈추게 한다.

미국 공군 50주년 기념 조형물도
이중 하나다.

워싱턴을 내려다보는
북버지니아 연방 국립묘지의 끝자락에
우주를 향해
세 방향으로
우렁찬 굉음을 내며

지난 세기(世紀)를 지나
다가올 세기(世紀)를 향해
날아가고 있는 모형으로
축하객의 박수 속에 자리를 잡았다.

1차, 2차 세계 대전 속
크고 작은 전쟁 속에
산화(散華)한
전투기 조종사

과학자들의 희생과
노고 속에
오늘의
상용(常用) 비행 시대를 열었다.

모뉴멘트의 이상은
하늘을
우주(宇宙)를
새[鳥]처럼

개척자적 정신으로
자기희생과
용감성으로 이어질 것입니다.

내일을 향해….

# 바람과 구름

구름은
하늘 속을 둥둥 떠다니며
구경하며 지내기를 좋아하지요.

형체도 없는 보이지도 않는
바람이 다가오며
모두가 자기 덕(德)이란다.

바람이 없으면
아무 데도 갈 수가 없단다.

구름이 자존심이 상해
바람이 없어도 다닐 수 있다고 하자
바람이
마음대로 해보란다.

한낮이 되어
내리쪼이는 햇볕에 견딜 수가 없어
서늘한 곳으로 움직이려 하니
움직여지지가 않는다.

구름은
바람에게 사과를 하고
다음부터는 어디를 가나
함께 다니게 되었다.

마음씨 좋은 태양이
싱글벙글 웃으며
사이좋게 지내라며
바람에게
구름에게 윙크를 한다.

# 토네이도(a Tornado)

잿빛 하늘이 열리고
초록의 계절이 찾아왔다.

신선한 공기에
새들의 합창이 시작되고
꽃들의 향기 속에
봄은 열려
사랑의 세레나데가 펴져가고 있다.

온난하던 봄바람이 거칠어지기 시작
구름이 덮이기 시작한다.

검은 구름이 로키 산자락에 모여서
겨울바람과 함께
토네이도로
쫓겨난 계절을 되찾기로 합의

바람이 구름을 밀고
구름은 방전을 일으켜
뇌성(雷聲)과
번개를
장대비를 쏟아붓고

회오리바람을 일으켜
팔랑개비처럼 급속히 돌려

점점 넓게
지상의 모든 것을 빠른 속도로 부수면서

빙빙 돌려
허공으로 빨아올려
지상으로 집어던져

눈에 보이는 것은 모조리 부수고
나무는 뿌리째 뽑아놓고
강물은 재방을 넘어
농토를 쓸어버리고

아하—하—
누구도
우리를 못 이기지!

평야와 마을을 휩쓸면서
빠르게 가는 바람에
많은 지역에 상처를 내고
대서양으로 빠져버렸다.

되돌아오는 데만
몇 개월이 걸리는 거리까지 가버렸다.

봄은 다시 돌아왔고
사랑의 노래 속에
무지개가 손짓을 한다.

# 당나귀(a Donkey)

무거운 짐마차를 끌고
길가 나무에 매여 있는
당나귀는 귀엽고 피로한 모습이다.

큰 눈을 두리번거리며
큰 두 귀를 치켜들고
당나귀가 물어옵니다.

어디서 왔냐 하면서
먼 산을 쳐다본다.

네 생각은 어떠하냐니까

히힝—
코를 벌름거리면서
저 산 너머에서 왔지 하면서
앞발을 구른다.

어떻게 알았냐니까
히힝— 코를 벌름거리면서
알고 있단다.

당나귀를 바보로 알지만
당나귀는 바보가 아니란다.

갓 태어난 봄의 민들레를
맛있게 먹는다.

뿌리째 먹으면
민들레가 죽는다니까
고개를 들고 쳐다보며

뿌리째 먹는 것 같아도
뿌리를 밑으로 건드리면
지렁이가 올라오고
당나귀들은
고단백질이 필요하단다.

당나귀는
풀과 함께 지렁이를 먹는단다.

당나귀는 힘이 좋단다.
체구가 작아도
협곡과 높은 설산을
당나귀가 아니면
무거운 짐을 운반하겠느냐
히힝— 한다.

# 조롱박

조롱박을
두 개 가지고 있지요.

하나는
소년이 개울가에서
웃통을 벗고
물장구를 치며 장난을 치는
동양화를 그렸고

다른 하나는
사람의 장수(長壽)를 기원하는
수(壽)자를 그렸고

20년을 넘게
수실에 매달려 함께
생활하고 있지요.

초가지붕 위의 큰 박은
둥그런 보름달을 닮아
눈길을 끌지만
조롱박은 장식 줄에 매달려
귀여움을 받고 있지요.

부부 사이에
말이 길어지거나
잘못을 지적하면
바가지를 긁는다고 하지만

일을 할 때 잘못되면
쪽박(조롱박)을 찬다고 하지요.

큰 박이나
조롱박이나
박은 박일뿐이라고 하며
폄하하지 말라고 하면서
웃는군요.

# 참새(a Sparrow)

음산한 겨울 저녁
발걸음을 세우게 하는
가스 초롱불이 흔들거리는
포장마차 집을 떠올린다.

화사한 봄이 돌아오면
어디에선가 참새가 날아와
집을 짓기 시작한다.

집을 짓기 시작하면서
경계가 심해지고
집주인도 몰라본다.

어린 시절
시골에 내려가
초가지붕 추녀 끝에 손을 넣어
알을 꺼내던 때를 생각하면
참새들의 권리도 개선된 것 같다.
사촌도 많은 것 같다.

태평양 도서(島嶼)나
밀물과 바닷물의 경계 소택지나

모스크바 인근이나
시베리아나
미국 동부나
유럽이나
아프리카에도 있고

사촌 정도 되는 핀치는
조류가(鳥類家)들에게
대접을 받고 있다.

독수리나
큰 새들 사이에서도
지구의 구석구석에서 살고 있다.

봄이면 찾아와
새끼를 키워
온다 간다는 말도 없이
남쪽으로 날아갔다가
봄이면 돌아온다.

강남 갔던
참새를 기다리게 된다.

# 북극 흰색곰(a polar white bear)

하늘과 맞닿아
출렁거리던 북극바다

기온은 급속히 떨어지고
끝이 안 보인다.

휘몰아치는 바람을 따라
바다도 얼기 시작한다.

까만 코의 북극 흰곰은
큰 체구를 이끌고
눈(Snow) 동굴 속으로 자취를 감춘다.

바다사자와
물개가 돌아올 때까지
입맛을 다시며 꿈 속을 헤맨다.

흰색 곰도 근심이 커지고 있다.

지구의 기온이 상승하기 시작
북극의 빙하가 줄어들고
빙하기간도 짧아지고 있다.

만년(萬年) 주기의 기후변화인지
지구온난화의
영향인지 알 수가 없다.

삶의 터전이 줄어들고 있다.

지금은 잠을 잘 때인 것 같다.

계속 불어오는 위윙—윙 소리의
찬바람이 멎을 때까지….

# 봄의 찬가(讚歌)

마실 다녀오신 어머니처럼
봄은 살며시 다가온다.

봄이 오면
새들도 감사의 노래를
사랑의 노래를 지저귀고
백합과 히아신스의 향기가
코를 간질이지요.

봄은
자연을 살찌우고
초록의 여름을 불러오지요.

어린 새싹들은
두터운 대지를 밀고 올라와
태양의 어루만짐에 흐뭇해하지요.

졸졸졸 흐르는
시냇물도 감사하며
햇빛에 반짝인다.

개울가의 시커멓던 돌들이
검은 외투를 벗어놓고
초록의 이끼로 갈아입고 있다.

송사리들도
개울물을 가로질러
헤엄치기에 바쁘다.

봄은 무르익으며
허공을 채우고
풍만한 여름은 초대하고 있다.

하늘하늘
날고 있는 나비가
잠자리 날개와 함께
따스한 햇빛에 졸고 있다.

푸르른 하늘에
흐르는 구름을 바라보며
봄향기를 마신다.

정답게 느껴지는
봄날의 석양이
아름답게 펼쳐지고 있다.

자연은 살아 있는 것을
자연은 자애로운 것을
하늘거리는
아지랑이 속에
지루하지 않게
하루가 지나고 있다.

# 북아메리카의 회색늑대(Gray Wolf)

버펄로(미대륙의 야생소)와 함께
인디언의 사랑 속에
북미 대륙을 누비던 회색늑대도
사냥으로 인해
멸종 위기에 처했었지요.

동물 애호가들의 노력으로
개체 수가 늘어
야생 동물들과의 균형에 의해
규제가 올 것 같다.

선천적으로 타고난
리더십과
용맹성과
협동정신을 발휘하여
출생을 제한할 수는 없는지 말이다.

사냥감인 동물들의
숫자를 고려해서 말이다.
스스로
해결하였으면 해서 말이다.

# 땅벌(Bumblebee)

봄날이 계속되며
텅 비었던 허공이 충만하기 시작한다.

연초록이
날마다 대지를 채우고 있다.

말벌(A wasp)
땅벌(A bumblebee)이
바쁘게 움직인다.

말벌
땅벌의 영역 싸움이 치열하다.

땅벌의 횡포가 심한 편이지만
말벌들은 크기로 맞선다.
집주인은 안중에도 없다.

좋은 점도 있는 것 같다.

낯모른 사람이 오거나
야생동물이 근처에 오면
위협적으로 날면서
집을 지키고 있다.

# 거북이(a Turtle)

빨리 가든
늦게 가든
속도와
시간과
거리에는 관심이 없다.

거북이는 알고 있다.
장수한다는 것을….

빨리 가든
늦게 가든
더 멀리 가야 하기 때문에
서두를 필요가 없단다.

물속이든지
육지이든지 가야 하기에
목적지까지는 갈 수 있다는 것을….

허공을 날 수 없기에
쉬다가는 가고
가다가는 쉬는 것이 거북이다.

하늘이
우주가
천체가 아무리 높아도

지구행성보다
넓지 않다는 고집 속에 살고 있다.

거북이들 중
강이나
바다에서도 살고

육지에 알을 낳는
거북이도 있다고 하면서
목을 움츠린다.

목을 움츠리면 주거지가 되어
집을 지을 필요도 없고
동굴을 팔 필요도 없고
수리할 필요도 없다

소유할 것이 없으니
지킬 것도 없고
다툴 것도 없다.

태어나면서 부여받은 주택
단단한 껍질의 주거지만 있으면
살아갈 수 있는 것이
욕심 없는 거북이다.

# 태평양 연안에서

짙푸른 태평양 바다가
맞닿은 끝은 우주로 이어져
우주는 천체로
천체는 수평선에서 시작됨을.

밀려오는 파도는
우주의 메신저로
구불구불 곡선을 그리며
해안에 전하고
해변 모래사장에
흰 포말을 그리며 부서지고 있다.

갈매기도 지쳤는지
파도 소리에 졸고 있다.

하얀 구름이
수평선 위로 흐르고 있다.

잊었던 기억이 과거로 이끈다.
밀려가는 파도를 타고
수평선을 넘어가면
동해안의 어디쯤일까.

두고 온 얼굴이
잊혀졌던 얼굴이 손짓하고 있다.

눈부신 햇빛은
모래 위에 부서지고
쉬임 없이
하얀 포말을 그리고 있다.

밍크고래가 바다를 헤치며
바닷물을 허공으로 뿜어
포물선을 그리며
북쪽으로 올라가고 있다.

밍크고래에게 물어보아야겠다.
수평선 너머
동해안으로는 안 가는지….

# 티티카카(Titicaca) 호수

세계 제일 큰 담수호인
티티카카 호수(in Peru) 위에 섰습니다.

갈대로 집을 짓고
호수와 함께 살아온 이들
웃음 속에 평화가 가득하다.

호수의 갈대로 엮어 만든
섬 위에
살찐 돼지가 방목되어

이곳의 주민이라고
꿀꿀거리면서
불안하듯 쳐다본다.

잔잔한 호수 위
흔들리는 갈대 위에서
삶을 이어가는
순박한 웃음은 숨겨진 자연인 것을

흐느끼는 듯 들리는 피리소리에
지난 역사가 녹아나고 있다.

호수의 근원은
잉카제국의 슬픈 역사가 묻어난다.

저쪽 봉오리
이쪽 봉오리에서
쉬지 않고 흘러오고
쉬지 않고 흘러
태평양으로 합류한다.

해는 머리 위로
빙글빙글 맴돌고
갈대는
가냘프지 않게 흔들리고 있다.

이들의 삶은
갈대와 같이 살아왔고
갈대와 같이 이어간다.

# 마추픽추(Machupicchu)

우루밤바를 거쳐
구름도 흐름을 멈춘
3,000m 이상의 산들에 싸여
깊고 깊은 협곡 속에

한 뼘 하늘로 이어진
고목과
돌로 쌓은 신전

산자락의 40단의 밭을
3,000 계단으로 연결하여
이룩한 농토들

잉카제국의 후손은
찾을 수 없고
공허감과 적막감만 감돈다.

지하와 지옥은 아나콘이 신이고
지상은 쿠가가 신이고

달은 어머니신으로
태양을 신으로 받들었던
태양의 아들로

잉카족은
바람을 타고 어디로 갔는지
모습을 찾을 길이 없다.

태양신의 보호 아래
미로의 협곡 속
영혼을 파고드는
피리소리만 구슬피 들려온다.

구름도 움직임을 멈춘 지
오래인 것 같다.

바람도 갈 곳을 잃고
만년설에 얹혀서
마추픽추 위에
머물고 있다.

바람도 방향을 잃고
구름에 가린 공중도시(空中都市)로
하늘의 도시로
접근을 불허하면서

신비의 도시
전설의 도시로
100년

100년
100년
또 100년을

푸르른 협곡에 감추어져
꿈속에서 헤매던
꿈속에서나 허락되었던
금단의 하늘의 도시를

가슴을 졸이며
한 걸음
한 계단
쏟아지는 태양빛 아래

꼬불꼬불한 돌계단을 올라
잉카제국의 제사장을 찾아보지만
정적만 감돈다.

숨막히는 정적은
서서히 조여오며
내려쬐이는 태양빛이 눈부시다.

움직임을 멈춘 구름 속에
잉카의 함성이 메아리친다.

300여 종류의 수목과
200여 종의 난꽃이 떠나 달란다.

제3부

# 산토도밍고 성당

# 아마존의 원숭이섬

말도나도에서
보트에 올라
사나운 물결을 따라
아마존 강을 거슬러
아마존 몽키 섬을 찾아가고 있다.

사납게 출렁이는
아마존 강물은 쉬지 않고
무엇이 바쁜지
대서양을 향해 달려가고 있다.

지구행성이 태어나서
지구행성이 끝날 때까지 흘러가겠지.

길이와
넓이와
깊이가
세계 제일의 강에 손색이 없다.

침침한 한낮의 밀림 속을
깊숙이 들어가니

높은 나뭇가지가 흔들거리며
피그미 원숭이부터
야생 원숭이들이
조심스레 접근한다.

어깨에도 앉고
숫자가 늘어간다

리더(Leader) 원숭이는
경계를 풀지 않고 있다.
야생의 본능을 지키는 것 같다.

밀림 속의
모기는 집요하게 몰려든다.
침침하고 습기 찬 아마존 정글 속

이름 모를 새 소리와
짐승 소리가
가까이 다가오기 시작한다.

정글의 침입자를
경계하는지
거리는 좁혀오기 시작한다.

질퍽거리는 정글 속을 빠져나와
야생 원숭이를 뒤로하고
도도히 흐르는
아마존 강을 바라보며
발걸음을 재촉한다.

어두움 속에
불빛이 깜박거리며
Amazon Lodge가 다가온다.

엘도라도의 환영은
어두운 밀림 속에
잠들어 있는 것을….

# 산토도밍고 성당

잉카의 태양신이
산타도밍고 성당으로
위엄을 갖추고

적도의 따가운 햇볕 속에
붉은 빛의 건물이
자태를 흐트러트리지 않고
당당히 광장을 내려다보고 있다.

황금색 치장의 예수 그리스도와
성모마리아와
순교자와
성인들이 위엄을 갖추고

인자한 웃음 속에
남유럽을 떠나
대서양을 건너
아마존 밀림을 지나

태평양 연안에서
신앙의 신비함을 베풀고 있다.

남미 대륙을 지배하던
잉카제국의 태양신은
역사의 뒤안길로
종교의 뒤안길로

잉카족은 가톨릭(Catholic)으로 개종
산타도밍고 성당은
빛을 이어가고 있다.

아베마리아

주여
이들에게
자비를 베푸소서.

# 잉카의 신전 켄코

잉카족은
잉카 제국을 세웠고
태양신을 위해
웅장한 규모의 신전 켄코를 세웠다.

태양의 보살핌 속에
제국은 번창하였고
영광을 누렸다.

15세기 초
바다를 건너온 정복자들에게
처음 보는 기마병에
처음 보는 화총에
처음 보는 화려한 제복에

위압감을 받아
소수의 정복자에게
허망하게
제국은 무너졌고

그때의 영광
그때의 신전이
정복자에 의한
새로운 종교의 신전인
로마 가톨릭 성당으로 탈바꿈하였다.

태양은
빛을 보낼 수는 있어도
받을 수는 없기에
무슨 생각을 하고 있을까요.

# 삭사이와망 거대 요새(要塞)

쿠스코 도시의 외곽 방어 요새
삭사이와망은
사나운 밀림의
쿠가의 앞 이빨과 얼굴을 모델로
쿠스코(in Cusco, Peru) 도시를
방어하였다지요.

큰 돌덩어리들은
위용을 자랑하고 있지만
라마(Lama glama)는
한가하게 풀을 뜯어먹고 있다.

해는 한낮
용맹한 잉카의 전사들은
어디에서 휴식을 취하고 있을까.

사나운 쿠가는
어두운 밀림 속 어디쯤에 있을까.

쏟아지는 한낮의 태양빛
그날을 기억하는 듯
점점 열기를 더해가고 있다.

# 탐보마차이

— 잉카의 목욕 터

문명은 도도히 흐르는
아마존 강물과 같은 것을

흐르는 물살은
높은 데서
낮은 데로
누구도 거부할 수 없는 것을

잉카 목욕 터 앞에서
되새겨봅니다.

신분에 따라
위에서
아래로
봉건사회의
당연한 순서이겠지만
자연의 합리적 순리가 아닐까요.

문명과
문화는
어제가 있기에
오늘이 있기에
내일을
유추할 수 있겠지요.

# 실루스타 유적 Ⅰ (in Puno, Peru)

하늘이 태양신을 우러러
좀더 높이
좀더 가까이
좀더 웅장하게

발아래 아스라히 펼쳐진
평야를 바라보며

한없이 펼쳐진
푸르른 하늘과 맞닿은
활짝 열린 호수를
눈 아래 두고

작은 돌무덤의
보좌관들의 무덤에 쌓여
대지의 신(神) 쿠가를 앞세우고

지하의 신 아나콘과 같이
태양신을 우러러
영광의 제국을 재현해달라고
축원을 한다.

이들의 영혼이
은하수로 가고 있는 것은 아닐까요.

웅장한 석묘 속에
무슨 꿈을 꾸고 있을까?
곤도라만 한가히
허공에 날고 있다.

## 리마(in Lima, Peru)

고대(古代)와 현대(現代)가
공존하고 있다.

유럽 문화
잉카의 토착(土着)문화가
공존하고 있다.

짙은 안갯속
떠 있는 도시
리마(in Lima, Peru).

영광
아픔
슬픈 역사를 가지고
수도 리마는
숨가쁘게 살고 있다.

침략
순종 속에
여기에 리마가 있다.

건조한 해양성기후
태평양 연안에 자리잡고

사막을 지척
아마존강을 배후
안데스 산맥을 모태로
잉카 제국이 끝나고
리마는 태어났다.

복합적 문화
태양신을 믿는 잉카족
로마 가톨릭으로 개종하였다

리마는
수도로서의
자리를 지키고 있다.

# 작은 갈라파고스(in Paracaas, Peru)

섬을 덮은 바다새의 울음
섬을 덮은
바다새 풍경은
춤을 추는 태평양 파도와
어울려 장관이다.

해변가에는
물개들이 할램을 만들어
사람의 접근을 불허하면서
눈을 부릅뜨고 있다.

망망대해(茫茫大海) 속의
섬 볼리스타(Ballista Island)
나무나 수풀도 안 보이고
각종의 새들의 낙원이다.

계절 따라 찾아오는
새들과 숫자만 바뀐다.
자리다툼은 심한 것 같다.

물새들의 천국
새들의 숫자를 알 수 있을까요.

바다 물새의 낙원
바다 물개들의 낙원
바다 고기는 불만이 많다.

펭귄이 뒤우뚱 띄우띵
나, 여기 있다고 윙크를 한다.

자연은 위대한 것을
자연은 공평하고 인자하다.

태평양의 파도는
쉬지 않고 출렁거리고

짭짤한 소금기의 바닷바람에
친근감을 보태주는
오후가
바다 너머로 넘실대고 있다.

# 사막의 샌드카(Sand Car)

구름도 비켜가고
푸르름이 보이지 않는 회색지대

바람 따라
모래가 끊임없이 움직이는 곳
땅이 움직이고
모래산이 움직인다.

사막으로
샌드 보드(Sand Board)를 타러 오세요.

사막모래에 샌드 보드를
썰매타듯 엎드려
높은 언덕에서 미끄러져
잠시 십대로 돌아간다.

모래바람 부는
사막으로 오세요.

스릴 느끼는
사막 드라이브를 즐기고
샌드 보드를 즐기세요

과거로 돌아가는 데는
이곳보다 좋은 데는 없지요.

회색늑대와
전갈을 피해서
어둠이 깔리기 전에
사막으로 오세요.

별들이 수정 같이 반짝이는
회색의 사막 위에
별이 사라지기 전에
사랑하는 사람과 함께 오세요.

모래폭풍이 일기 전에
모래가 날아가기 전에
모래가 숨기 전에….

# 와카치나 오아시스(Huacachina Oasis)

어디를 보아도
회색 빛 모래뿐
걸어 보아도 밟히는 것은 모래뿐

높고 낮은 모래언덕뿐
삭막한 회색빛 모래만 보인다.

바람이 불어오면
날리는 것은 모래뿐
눈과
입술이 껄끄러워지기 시작한다.

발과 발목이 피곤하여 온다.
푸르름의 생명을 찾을 수 없다.

죽음의 회색 빛 모래천지에
콘도라가
원을 그리며 날고 있다.

눈의 동공이 커진다.
환영(幻影)이 아닌지 모르겠다.

팜추리의 푸르름이
병풍처럼 둘러쳐진
오아시스가 펼쳐져 있다.
푸르름이 보석처럼 손짓한다.

물의 조화다.
마이다스의 물이다.

# 나스카 라인(Nazca Line)

세스나 경비행기를 타고
좁은 창문을 통해
대지를 내려다보는 순간

무엇 때문에
기하학적인 모양과
동물 그림 등을
저런 크기로 만들었을까.

풀리지 않는 의문이
눈을 고정시킨다.

증인도 없고
전해진 자료도 없고
우주 외계인의
표시라는 신비스러움만 쌓여간다.

하늘의 비행기 안에서만
알아볼 수 있는 것을
넓은 평야 위에 그렸다.

크나큰
크기의 문양을
대지에 그린 사람은
누구일까.

# 5월

잔인한 4월이 지나고
계절의 여왕 5월이 왔어요.

히야신스의 향기도
진달래
철쭉도 스러지고

초록의 5월이
풍만의 6월에 앞서 찾아왔지요.

아카시아가 사방으로
향내를 휘날리고
산으로
강으로
바다로 유혹하는 5월

낚시로
등산으로
여행으로
마음이
몸이 바쁜
계절의 여왕이 찾아왔지요.

종달새의 지저귐을 들으러
푸르른 초원으로 오세요.

# 초록의 5월

계절의 여왕이 돌아왔습니다.
움츠림을 버리고
향기로운 신초록의 5월이…

눈이 시리게
햇빛이 쏟아지고 있습니다.

만년설 위에 반사되는
햇빛에
우주로부터의 정기를 받아
신록의 초여름이
춤을 추고 있습니다.

서쪽 하늘에
반달도 움직임을 멈추고
사색에 잠겨 있다.

녹은 눈을 수증기로 퍼올려
밤이 가기 전
운무로
선녀의 하강을 감싸주고 있지요.

끝없이 펼쳐진 평야에
이어진 구릉에도
신록은 이어지고

한가로이
양 떼와
말
소들이
푸르름에 취해가고 있다.

침묵 속에 펼쳐지고 있는
조용한 초록의 아침입니다.

빈 듯한 허공을 가르며
빈 듯한 허공을 채우며
강남으로부터 찾아온
철새들이 날아들고
춤을 추며
5월을 노래한다.

신선한 새벽 공기는
누가 보낸 것일까요.

소멸과 소생을 이어주는 것
계절의 여왕의 방문도
침묵 속에 이루어지고 있는
우주의 선물임을….

# 갈라파고스(in Ecuador)

줄을 이어서
하늘을 가리면서 돌아오고 있다.

환희의 노래를 뿌리면서
긴 여정의 종착역에 도착하였다고
바다에
섬에 고(告)하고 있다.
우리가 도착하였다고

빈 공간을 찾기가 어렵다.
한정된 섬의 크기에
앞서 도착한 새들은
알을 품고 있고
한쪽에선
부화된 어린 새끼들을 돌보고 있다.

이글거리는 태양을 머리에 이고
춤을 추는 파도를 이불 삼아
새로운 삶을 열어간다.

환희의 소리에
파도도 춤을 추고 있다.

100만
100만
또 100만
헤아릴 수 없는 숫자에
분류하기도 어렵다.

갈라파고스는 들떠 있다.
저마다 자기들의 고향이고
자기들의 국가란다.

앙증스러운 새끼들의 움직임에
피곤함도 잊은 듯
출렁거리는 파도에
자맥질하기가 바쁘다.

짭짤한
소금기의 바닷바람이
기분 좋게 피부를 스친다.

갈라파고스에는
좋고
나쁨이 없이
선착순 공유할 뿐이다.

출렁이는 태평양에 떠 있는
갈라파고스는

푸른 하늘과 맞닿은
크나큰 거북이섬인 것을….

해변가 물개들의 할램도
바쁘기는 같다.

남극에 있어야 할
펭귄의
뒤뚱거리는 걸음걸이도 바쁘다.

검푸른 바다 물살을 가르며
바다의 무법자
바다상어가 시위를 하고 있다.

영역을 침범한 무법자는 없는지
기세가 등등하다.

돌고래 무리가 물살을 가르며
군무를 추고 있다.

바다의 잠수함, 고래가
큰 꼬리로 물장구를 치면서
분수처럼
허공에 바닷물을 뿌려
작은 무지개를 만들고 있다.

수평선 파도 위로
태양이 웅장한 자태를 추스르고
화려한 빛깔을 흩뿌리며

춤추는 바다 위에
화려하고 스케일 큰
풍경화를 그리기에 바쁘다.

어둠이 퍼지기 시작한 사이로
싸늘한 빛을 반짝이며
별들이 나타나
밤을 지켜주기 시작한다.

삶은 아름답고
삶은 신비하고
삶은 영원한 것을….

# 태양 I

신비한 생명의 근원은
태양빛으로부터이며
태양 또한
섬세한 신의 손길과
보살핌 속에 태어났고

태양의 본질도
가스와
헬륨의
핵분열과 폭발 속에
고열 속에
빛을 발산한다.

창조의 의미와
비밀을
누가 말할 수 있을까

시간의 저쪽
우주의 확장과 빅뱅 이후
은하계의 탄생에서

태양도
지구도

창조주도
침묵을 하고 있으니

고대인들은 태양신을 받들어
우주의
천체의
창조주에게 접근을 시도하였다.

천체의 설계는
누가 하였을까.

반짝
반짝
어두운 밤하늘의
셀 수 없는 별들의 세계에는
언제쯤 갈 수 있을까.

신비한 생의 근원은
태양의 탄생은
지구의 내일은
은하수 너머의
창조주의 모습을 드러낼까….

제4부

# 태양신전

# South Carolina Beach에서

초록빛 들판에 쏟아지는
눈부신 은빛 태양
사우스캐롤라이나 평야는
딱따구리의 부지런함 속에
태곳적 신록을 유지한다.

눈부신 은빛 백사장에 부딪쳐
흰 포말을 일으키며
밀려가는 파도
밀려오는 파도

바다 갈매기가
한가히 떠도는 백사장 위
은빛 파도 빛이 눈부시다.

수평선은 하늘과 맞닿아
바다가
하늘이 어디인가
구별하기 어렵다.

낚싯대를 드리워본다.
바닷고기도 졸고 있는지

입질을 하지 않는다.
조용함 속에 엄습해오는 무료함

사나웠던
태풍 속의 바다는
어디로 갔는지…
상념들도
스르르 사라지기 시작한다.

신록은
삶의 약동을 느끼게 해주고
기억을 저 멀리
지워버리는 마술을 가졌다.

향긋한 바람이
기분 좋게 피부를 스치고 지나간다.

낚시 추가 움직이는 것 같다.

시간은 정지되었고
파도는 쉬지 않고 밀려온다.
파도는 흰 포말을 흩뿌리면서
추억의 저편으로…

은빛 태양도
소리 없이 위치를 바꾸면서
조는 것 같다.

갈매기도 지쳤는지
해변으로 찾아든다.

조용히 하루가 지나고 있다.

# 혁명

불만이 수위를 높여간다.

고무풍선은 너무 불면
“펑” 소리를 내면서
산산이 부서지듯
살벌한 분위기
팽팽한 기운이 감돈 지 오래다.

역사는
대가를 치르면서 진행한다지만…

차량들이 끊기면서
거리가 넓어지는 것도 잠시
인파가
거리를 메우기 시작한다.

황야를 뒤덮던 말발굽 소리 같이

뽀얀 먼지 일으키며
함성이
인파가
공간을 메우기 시작한다.

바리게이트와
방탄복의 진압 경찰들이
스크럼을 짜고 도열해 있다.

왁자지껄한 소음과
최류탄 가스가 퍼지기 시작한다.

쫓고
쫓기는 인파 속에
사상자가 늘어간다.

어디가 시작이고
어디가 끝인 줄 모르겠다.
웃는 자는 누구이고
우는 자는 누구일까…

자유는 고귀하고
피를 먹고 자란다지만
인권은 소중한 것을…

그들은 듣고 있는지 모르겠다.

불만이 폭발
개혁을 원하지만
시간이 지날수록
소요는 혁명으로 발전되는 것을….

펄럭이는 국기 주위로
인파가 몰리고
함성은 높아만 간다.

질서의식과
준법정신이 실종되면서
군중심리로 흐르는 것 같다.

열기를 이끌
리더가 나올 때가 된 것 같다.

성숙한 사회와
국가로의 진행과 발전을
바라고 있기에

혁명은
개혁은
역사의 시작임을….

오랫동안
씨족사회에서 부족사회로
부족사회에서 초기왕국으로
초기왕국에서 제국으로
현대국가로
민주사회로
한 계단
한 계단
혼돈에서 질서로 옮겨가면서
피를 흘렸고

함성은
휘날리는 국기 속에 응축
망각 속에 되풀이되고

떠나는 얼굴들

# 마그마

지구행성의 자전과
공전에 따라
지하의 마그마는
잠시도 쉬지 않고 움직인다.

파도는 춤을 추고
대지 속에서
마그마도 춤추고

바닷속에서
산 위로
화산으로 폭발하고
용암으로 흐른다.

시뻘건 용암을 분출하고
지진으로
지표를 갈라놓으면
그 사이로
파도는 춤을 춘다.

파도는
사랑을 갈구하면서
대륙 끝에 부딪혀서
흰 포말로 부서진다.

태양은 우주에서,
마그마와 화산은
지구행성 중심핵과 함께
땅 속에서 춤을 춘다.

생명체를 외면하며
마그마는
컴컴한 지하에서 열을 높이고
쉬지 않고 움직이고 있다.
지구행성 중심핵을 따라

장엄한 태양의 인력(引力)에
지구행성도
자전과 공전 속에
태양을 돌고 돈다.

지구행성은 태양을 따라
태양은 우주 공간을 유영(游泳)하고
다가올 미래에
태양의 헬륨이 고갈
빛과 열을
더이상 폭발시키지 못하고

스스로
폭발, 산산히 부서져
흔적을 지울 때까지 돌고 돈다.

# 복숭아(Peach)

6월이 오면
동남부의 사우스캐롤라이나 주(州)는
복숭아 주(州)라는 별명에 어울리게
복숭아의 향이 퍼지면서
발걸음을 이끈다.

신화에 오르내리는
천도복숭아로부터
백도
황도
크기와 맛에도 차이가 난다.

신화 속의
신의 질투로 인한 것은
아닌지 모르겠다.

움츠렸던 겨울을 지나
화사한 봄이 시작되면
눈부신 은빛 태양 아래
사우스캐롤라이나 주(州)는
초여름인 6월이 제철인 것 같다.

발그스레한 분홍빛에
노오랑 바탕의 수줍은 듯한 색은
봄처녀의 볼을 닮아
눈길을 끄나 보다.

이른 봄
겨울의 끝자락에서
꽃망울을 터트리더니

감미로운 맛과 향에
신의 입맛도 사로잡은
천도복숭아의 전설이 태어났나 보다.

은빛 태양 아래
천도복숭아나
백도나
황도를 즐겨보세요.

6월이 가기 전에
신이 잠에서 깨기 전에….

# 무인 판매대

여름이 부른다

푸르른 숲이 펼쳐진 산으로
쉬임 없이 흐르는 깊은 산 옹달샘
맑은 생수를 마시러
시야가 열리는 여름 산이 부른다.

자전거 페달을 밟으면서
몸도 마음도 푸르름에 빠진다.
한여름 아래 바비큐가 익어간다.

스치는 시골 풍경 속에
허름한 나무 울타리 앞에
무인 판매대가 보인다.

도시의 슈퍼마켓에 있는
오가닉(Organic) 야채가
갖추어져 있다.

저금통 같은
지불통이 외롭게 졸고 있다.
가져간 만큼 지불하란다.

지키는 사람이나
CCTV도 안 보인다.

무인 판매대도 줄었지만
가끔은 보인다.

잊혀지지 않은
지난날의 풋풋한 인정과
변치 않은 인심을,
믿음을 보게 되는 것 같아
옷깃을 여미고
가져온 만큼 지불하면서
마음이 홀가분해짐을 느낀다.

# St. Augustine Lodge

피노키오가 되어
하늘을 날아다니다
기다리는 심층수의 소리가 들려와
눈을 떴다.

안데스 산맥의 아침은
깨어나지 않았고
정상에 피어오르는 하얀 구름 사이로
강렬한 눈부신 태양빛이 다가온다.

심층수는
만년설이 녹은 물과 함께
강물이 되어

까마득한 계곡 사이로
천년 세월의 침묵을 깨고
흐르는 소리에 잠을 깼다.

방문을 열고 뒷 야드로 나갔다.
고산의 야생화가
새벽을
황홀하게 장식하고 있다.

달콤하고
상쾌한 새벽의 공기가
피부를 간지럽힌다.

깊은 계곡을
빠르게 스쳐 흘러 내려오는
심층수(深層水)를
만날 수 있을까 하는 초조함 속에

눈부시게 다가오는 햇빛에 싸여
상면할 사이도 없이 사라진다.

# 유채화

계절이 바뀌면
유채화가 수줍은 듯
바람에 흔들거리며
노오랑 꽃망울을 터뜨리고
유채화가 끝없이 펼쳐지지요.

아주까리 기름을 머리에 바르고
아낙네들의 풍만함과
유채화의 꽃망울 속에
푼잡(in India)의 계절은 익어가지요.

회색 눈 까만 털의
우람스러운 소들의 울음 속에
유채화는
노오랑 꽃을 활짝 피우지요.

나그네의
시선에는 아랑곳하지 않고….

# Amazon Lodge

말도라도에서
모터보트를 타고 거칠게 출렁거리며
도도히 흐르는
황톳빛 아마존 강을 숨가뻐 올라갔다.

무섭도록 짙푸른
아마존 정글이 빠르게 스쳐간다.

출렁이는 강물에
어둠이 짙게 깔리기 시작
아마존 정글은
잠에서 깨어나고 있다.

저 멀리
칠흑 같은 어두움 속에
Lodge의 불빛이 외롭게
짙푸른 어둠 속에 손짓하고 있다.

쿠가가 나오기 전 어서 오라고….

# Eco Amazoniz Lodge

아마존 정글 속에
정글의 일부로
자연에 어울리는 Lodge다.

짙푸른 아마존 정글에서의
아침이다.

이상하게 생긴
부리가 긴 새가
조심스럽게 접근한다.
우는 소리도 새 같지 않다.

쳐다보고 있으니
가까이 접근하며
지저귀는데 알 수가 없다.
새소리를 안 배웠으니 말이다.

이상한 소리에 쳐다보니
녀석이 쫓아온다.

크기는 닭만 한데 날지 않는다.
검고 회색 털로
만화 영화에나 나옴직하다.
헤어질 시간이 되었다.

모터보트를 쳐다보는 시선을 뒤로
황톳물과
모터보트의 시끄러운 소음에
아마존 밀림의 친구는
점점 멀어져만 간다.

# 콘도르 신전과 감옥(Urbamba, Peru)

하늘을 받쳐주고
태평양과
대서양을 막아주는
안데스 산맥을 의지하며

푸르른 하늘을 오르내리며
안데스 산맥을 지키는
콘도르를 받들어

태양신과의 통로로
신성에 어긋나는 사람은
가두어야 하기에
신전 가까이 감옥을 두었겠지요.

보이는 것은 돌이요
돌이 있으니
사용할 줄 알았겠지요.

잉카의 제사장은 보고 있을까요.
신전과 감옥을

안데스 고봉에
구름도 흐름이 막혀
짙푸른 하늘에 정지하고 있다.

눈부신 고산의 자외선에도
아랑곳하지 않고
콘도라는
마음껏 큰 날개를 펴고

제사장이 보고 있든
보지 않고 있든
거침없이 원을 그리고 있다.

시공(時空)을 넘어….

# 태양신전(Temple of Sun)

태양의 자손인 잉카족은
용맹성을 앞세우고
남미에 잉카제국을 건설
태양신을 받들었지요.

잉카족들은
태양신의 축복으로
사막과
정글과
도도히 흐르는 아마존 강과 함께

제국을 세우고
잉카제국을 이끌었다.

높고 높은 안데스 산맥을 넘어
동서남북으로
하늘 높이 콘도라를 보내
태양신과 소통을 추구했고

정복자들이
유럽에서 오기까지
태양신에게 감사의 제(祭)를 드리고
순결한 생명을 제단에 바치고

잉카는
영원불멸의
태양의 자손임을 맹세하며
태양신이시여…
오늘이 가기 전

제물을 즐기시고
내일도
잉카족을 보호해주시기를

제사장은
하늘을 우러러 제사를 지냈다.

태양신전에서….

# Peru의 Ballesta Island

모터보트는 시끄럽게
엔진 소리를 흩뿌리며
출렁대는 태평양 바다를 달린다.

태평양 바다 가운데
한 점의 섬이
다가오기 시작한다.

페루의 바예스타 섬으로
사람의 접근이 금지된
바닷새들의 천국인
작은 갈라파고스로 불리는 섬이다.

섬 전체가
푸르름은 찾아볼 수가 없다.
하얀 눈으로 덮인 것 같다.

셀 수 없는
바닷새들의 배설물로 뒤덮였고
고가의 자원이란다.

모터보트가 접근하자
파도소리에 섞여
바닷새들의 합창이
고막을 멍멍하게 한다.

오케스트라의
지휘자가 있는지 모르겠다.
보이는 것은 바닷새
들리는 것은 파도 소리와
새소리뿐이다.

해변가에는
큰 몸체를 자랑하며
물개들이 할램을 형성하고 있다.

늦게 도착한 새들이
빈자리를 찾고 있다.
주택난이 심한 것 같다.

천혜(天惠)의 축복 받은
바닷새들의 천국이다.

북쪽에도 하계 주택이 있고
이곳에도 주거지가 있으니
다주택 소유 새들인 것은 확실하다.

사람이 새를 구경하는지
새들이 사람을 구경하는지
착각이 든다.

남극에서 사는 펭귄도 보이고
바다사자도 어슬렁거린다.
많은 식구들의 식량을 공급하느라
자맥질이 심하다.

태양이 빙그레 웃는 얼굴로
출렁거리는 수평선 너머로
자취를 감추기 시작한다.

# 왕녀궁전(in Peru)

왕녀궁전은
오랜 세월 동안
견고한 돌로
깔끔하게 다듬어져 있다.

왕녀들은 보이지 않지만
우아한 품위와
예절(禮節)은
마지막까지 지녔을 것이다.

예기치 않았던
마지막 날의 혼란스럽던 순간을
태양신도
모르는 사이 일어났던
잉카왕의 최후를

왕녀들이 간 곳을 외면하면서
돌들은 입을 열 줄 모른다.

바람도
구름도 외면하면서
방문객의 발길을 떠민다.

## 실루스타니 유적 Ⅱ (in Puno, Peru)

눈 아래
발 아래
펼쳐진 평야와
호수 위에 움직임을 멈춘
흰색의 구름이

푸르른 적도 하에
하늘과
잔잔한 호수 위에 걸려 있다.

사방을 휘둘러 보아도
석묘(石墓) 속의 주인공은
호위하던 군사들은 보이지 않는다.

적막한 하늘에는
한가하게
독수리만 하늘을 가르고 있다.

잉카의 대제국을 호령하던
태양신의 후손들은
지하의 신 아나콘다와
내일의 일을 협의하는지

고요함 속에
잉카족들의 함성이 들려온다.

후덥지근한
호수의 바람이
살갗을 간지럽힌다.

# 우로스 섬(Uros Island)

티티카카(Peru) 담수 호수 안에
우로스 섬은
갈대로 만들어
호수 위에 떠 있고
잉카의 후예들이 살고
살아가는 섬이지요.

호수에서 자라는
속이 빈 갈대로 만든 섬이지요.

동양의 풍수사상에서는
물은 음기(陰氣)로
지하의 수맥을 피하는 것으로

오랫동안
수맥 위에서 살아가고 있으니
평균 수명은 50세 전후로
장수쪽은 아닌 것 같다.

얼굴에 웃음을 띠우고
방문객을 맞는다.

전란 시기에
안전한 호수로 들어와
외부와 단절
떠날 줄 모른다.

마른 사람은 없는 것 같다.
강한 자외선에
피부는 고산족처럼 빨갛다.

태양은 빙그레 웃으며
호수 끝자락으로 스며들고 있다.
바람이 추억을 밀어내며
어두움을 드리우기 시작한다.

문학세계대표작가선 661

# 사막의 불개미 a Red ant on Desert

한승덕 8시집

인쇄 1판 1쇄 2012년 7월 13일
발행 1판 1쇄 2012년 7월 20일

지 은 이 : 한승덕
펴 낸 이 : 金天雨
펴 낸 곳 : (주)천우미디어그룹/도서출판 天雨
등 록 : 1992. 2. 15. 제1-1307호
주 소 : 서울시 성동구 무학봉28길 6(하왕십리동 966-23) 금용빌딩 2F
전 화 : 02)2298-7661
팩 스 : 02)2298-7665
http://www.moonhaknet.com
E-mail : ing@moonhaknet.com



값 10,000원



ISBN 978-89-7954-512-8